JN028499

Disney

くまのプーさん

今日からはじめる
毎日を豊かにする**100**のこと

KODANSHA

は じ め に

　この本は、『くまのプーさん』の世界から感じられる、日々の暮らしを豊かにするアイデアを集めた一冊です。難しいことは一切ありません。お金がかかったり、大きな努力が必要なこともありません。守らなければならないルールでもありません。今日から誰にでもできるちょっとした工夫や、前向きに気持ちよく生きるヒント、日々の大切にしたい心がけが書いてあります。

　くまのプーさんはこう言っています。

『僕はこんなに小さくてコロコロしてる。
そんな自分が大好きさ』

　完璧な人などいません。ダメなところや弱さがあってこそ、魅

力的であり、だからこそおもしろい。ありのままの自分を愛する。その中で、自分のペースで、ほんの少しだけ、昨日より今日をきらめくものにしてみませんか？　ちょっとした心持ち一つで、希望が持てたり、心があたたまったり、まばゆく光るシーンに出会えたり……何気ない日常にも、そんな種はたくさん落ちています。

　枕元や、書斎、玄関、部屋の片隅でも、どこでもよいです。身近に置いて、気が向いたときに、思いのままページを開いて、目にはいった項目を読んでみてください。

　どうかこの本が、少しでもあなたの暮らしを豊かなものにしてくれますように。

Contents

CHAPTER 1

しあわせの
ヒント

Part 1

1 自分のペースを知りましょう。

早いのがよくて、遅いのが悪いわけではありません。
自分が心地よいと感じるペースで人生を過ごすことが大切です。

2 目に見えないものこそ、

かけがえのないものだったりします。
お金や物ではなく、友情や愛情、思いやりだったり、
やさしさだったりです。

3 自分がされてうれしいことを人にしましょう。
必ずそれは自分に返ってきます。人にやさしくすることは、
自分にやさしくすることなのです。

4 誰かを好きという気持ちは

あなただけのものです。
たとえ叶わない想いだとしても、
誰にも奪えない尊いものなのです。

5 　迷ったときは、楽しそうな方を選びましょう。
楽しそうと感じる選択肢には、あなたの
ポジティブな感情がわく要素がたくさんあるからです。

6 　自分より大切な人やことを
見つけましょう。人生において、
一つでも見つかれば上出来です。
大切な何かのために
生きることは、
とても価値のあることです。
そして最高に幸せなことなのです。

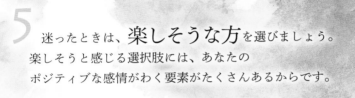

CHAPTER 2

暮らしの
アイデア

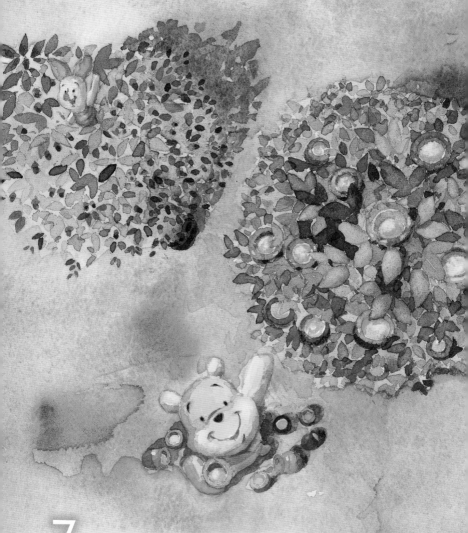

7 早起きの楽しみを作りましょう。

近所のカフェで淹れたてのコーヒーを飲む、好きな音楽をかける、
新しいリップやアクセサリーをつけて出かけるなど、
楽しみを用意すれば、朝早く起きたくなるでしょう。

8 誰にも気づかれない親切をしてみましょう。
気づいてもらうことが目的ではありません。
本当の親切は、相手のことだけを思ってするものです。

9 笑えない日でも、
一日1回意識的に笑顔を作ってみましょう。
顔の筋肉たちに笑顔を忘れさせないようにしましょう。

10

少し奮発して、とびっきりお気に入りの傘を持ちましょう。
たったそれだけで、一年365日のうち約120日憂鬱だった
雨の日が、ウキウキした日に変わります。

11 初めてのことを大切にしましょう。

初めて大好きな人に料理を作ったこと、
初めてひとり旅をしたこと。初めてには必ず、
忘れられないきらめく瞬間がつまっているからです。

12 "何もしない"ことを

楽しめるようになりましょう。生きているだけで、
いろいろな情報やストレスにさらされるものです。
一日何もしない日を作って、心と身体を無にして
休めましょう。驚くほどリフレッシュできるでしょう。

13

旬を楽しみ、味わいましょう。あなたが心地よいと
感じるときに、いちばんいいあなたでいられるように、食べものや
植物にも、いちばんいい状態でいられる季節があります。

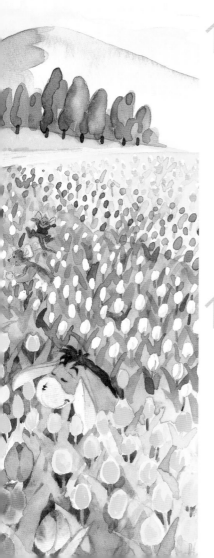

14 なるべく "お気に入り" の
ものや人に囲まれましょう。
毎日を気持ちよく過ごせます。
そして、それはやがて
"お気に入りの自分"
になることにも繋がります。

15 好きな音楽をかけて、
口ずさみながらリズムにのって
掃除をしてみましょう。
面倒だと思っていた掃除が、
心おどる時間に変わるでしょう。

16 家の中でよく目にする場所に、
自分の好きなものを飾りましょう。無意識 の中で、
目から取り込んでいる情報は膨大です。
それをなるべくポジティブなものにしましょう。

17 毎日5分間、
音の無い時間 を作って、
瞑想してみましょう。
大きく息をはいて、心や身体の声に
耳を傾けましょう。
そこから見えてくる発見があるはずです。

18 会話の中に、
意識して 相手の名前 を
入れてみましょう。相手は、
自分の存在を認められていると感じ、
関係が和み、好感と親近感を
持ってくれるはずです。

19

言い聞かせることは意外と大切です。
たとえばイライラしていても、「イライラしていない」と
自分に語りかけていると、少しずつ苛立ちが減っていきます。
言葉は無意識のうちに身体に伝わるのです。言霊 は存在します。

20 朝、こんな一日にしたいと思う
今日のタイトルをつけてみましょう。
おのずと意識が向かい、そんな一日になるでしょう。
毎日にストーリーがあり、同じ日は二度とないのです。
そう思うと今日をいつくしむことができます。

朝起きたら、
身体いっぱいに朝日を浴びましょう。
"幸せホルモン" が分泌されて
ストレスから守ってくれます。
幸福度が上がります。

22 玄関の扉を開ける前に、もう一度、
"今日のタイトル"を唱えましょう。今日一日をどうしたいか
言葉にして意識し、一日をスタートしましょう。
ものごとへの取り組み方が変わってきます。

23 玄関の扉を開けたら、深呼吸して、
無事に一日を始められることに感謝しましょう。
晴れでも、雨でも、暖かくても、寒くても、
それぞれの日に意味があり、今日一日があることに
感謝すれば、気持ちよくスタートが切れます。

CHAPTER 3

考え方を
シフトする

24 今日、**会いたい人**はいますか？

1人でも顔が思いうかべば、人生は十分幸せなんです。

10人も20人も必要ないんです。

そもそも一日でそんなに会えないですから。

25 嫌なことにも「ありがとう」をつけてみましょう。
「雨降ってくれて、ありがとう」「嫌味を言ってくれて、ありがとう」
「面倒な仕事をくれて、ありがとう」
ちょっとクスッと笑えて、少し楽しくなってきませんか?

26 同じ所に留まらず、変化を受け入れましょう。
変化を怖がってはいけません。
よりよい方向に変化することだってあるのです。

27

「私なんて……」という考えを捨てましょう。
「私だからこそ！」と考えましょう。「私なんて要領悪いし……」
と思っているのなら、要領が悪いあなただからこそ
気づける何かがあるはずです。

28 なんで私にだけ、こんなに **嫌なことばっかり**

起きるのだろう、と思わないでください。全てのことは、
今の自分にとって意味があり、必要であると思うようにしましょう。
そうすることで、次に起きることも変わってきます。

29
ものごとは見方によって、
違って見えます。
あなたから見えている状況が、
本当に真実ですか。
他の人から見たらどうか？　など、
少し立ち位置を変えて
みてください。きっと違うものが
見えてくるでしょう。

30
人に裏切られたら
自分が裏切った方にならなくて
よかったと思いましょう。
信じた自分を
誇りに思いましょう。

31
結果への最短距離ばかりを
求めず、たまにはその過程や
遠回りをゆっくりと楽しみましょう。
料理は下ごしらえからじっくりと。
旅行は自分でたっぷり
下調べをして予約をすることから。
効率ばかりを見ていては
つまらないです。
過程を楽しむことは、
ものごとの醍醐味です。

CHAPTER 4

ていねいに
生きる

32 　食べたいものを、ちょうどいい分だけ。
そして、食べた後も気分がよいものを、ゆっくり大切に食べる。
それが 極上な食事 の要素です。

33 　あいさつを大切にしましょう。あいさつには人を
幸せにする力があります。ていねいにあいさつをするだけで、
相手の一日にあたたかい時間を提供することができます。

34 ときには、**手書きの手紙**を

送ってみましょう。メールや電話よりも
手間も時間もかかります。しかし、かけた手間と時間の
分だけ、あなたが相手のことを想ったということです。
それは相手にも伝わるのです。

35
シーツはなるべく素材のよいものを選びましょう。
お風呂上がりに、肌触りがよく、パリッと仕立てられた
シーツに寝ることで、何倍も気持ちよく眠りにつけます。
そして質のよい睡眠が、明日のあなたを作るのです。

36
家の中でも外でも、着ていて心地よい
ものを身につけましょう。
一日のほとんどを何か着て過ごしているのですから。

37
"とりあえず"をやめてみましょう。
とりあえず買っておく。とりあえず食べておく。
それは、今の自分には余計なことです。
"とりあえず"をやめれば、
本当に必要なことが見えてくるでしょう。

38 必要のないものは

リサイクルショップに
持って行きましょう。
不要なものに囲まれると
ストレスになります。それは、
疲れにも繋がります。毎日の
生活に疲弊している人はまず、
いらないものを手放すことから
始めてみましょう。

39 人を待たせる

ことはやめましょう。
それは、他の人の時間を
奪っていることと同じです。

CHAPTER 5

人との
関わり方に
悩んだとき

40
人は**コントロール**できません。
できていると思っていたら、それはあなたの勘違いです。
まず人をコントロールすることをあきらめましょう。

41
人に好かれようとするのはやめましょう。
あなたらしくいて、そんなあなたを
好きになってくれる人を大切にしましょう。

42 人に頼るのではなく
「欲しいものは自分で手に入れる」
という考えを持ちましょう。実際に手に入らなくてもよいのです。
その思考を持つだけで、人生はあなた自身のものになります。

43 許すことは、
究極のやさしさです。
それは簡単ではないですが、やさしくて、
よいことなのです。

44 人の **いいところ** を見つけましょう。
それがなかなかできないとしたら、練習が足りないだけです。
一日１回でよいです。人だけでなく、身のまわりのものなど
目に入る全てに対して、ささいなことでもよいので、
いいところを見つける練習をしましょう。

45 自分をひけらかすことはやめましょう。
評価はまわりがするもので、人に押しつけるものではありません。
何よりも、他人の評価は、
人生においてそこまで重要なものではありません。

46 **批判** にも感謝しましょう。関心がない人にわざわざ
意見を言いません。関心を持ってくれたことに、感謝しましょう。
いちばん怖いのは、無関心です。

47 **正しいことを言うとき** こそ、
控えめに言うように心がけましょう。
言われた相手は、反論する余地がなく、
責められている気分になってしまうからです。
相手に思いやりを持って伝えましょう。

48 **人が言うことを**
一つ一つ気にするのはやめましょう。
相手は傷つけるつもりなく
言っていることも多々あります。
見方を変えて、
軽い気持ちで受けとめ、
時には聞き流しましょう。

49 「でも」、「しかし」、「だけど」などの
逆接は、なるべく使わないようにしましょう。
使わなければならないときは、
細心の注意を払いましょう。相手への思いやりと
気遣いを持って使用しないと、悪い印象が残るだけです。

CHAPTER 6

自分をみがく

50 一日5ページ

だけでもよいので、
本を読みましょう。1年間
くり返すと、1800ページ以上、
小説に換算すると
約6冊を読むことができます。
たったこれだけの習慣で、
1年後、あなたはどれだけ
豊かになっていることでしょうか。

51

大切だと思ったことや、
心がけたいことを
紙に書き留めましょう。
それをいつも持ち歩き、
時間があいたときに
見返してみましょう。
そうすることで
身体に染みついていきます。

52

素敵な出来事や
おもしろいと思ったことも、
メモしましょう。メモ帳が
いっぱいになったとき、それは、
読めばいつでも元気を与えてくれる
バイブルになります。

53

「いつかやろう」と先延ばしにすることはやめましょう。
「いつか」をくり返していると、
「いつか」と言っていつまでもやらない自分が、
本当の自分になってしまいます。

54 自分を好きになれない人は、

どんなささいなことでもよいので、自分の好きなところを
書き出してみてください。嫌なところではなく、好きなところを
くり返し見ることで、自分を好きになっていきます。

55 その日に出会った知らない言葉や
ものを調べる癖をつけましょう。
日々の知らないものへの
探究心が、
数年後のあなたを大きく成長させます。

56 ふと時間があいたとき、
観るものを決めずに映画館に行き、
映画を観てみましょう。
成り行き任せで選んだものから
新しい"発見"や"好き"が
見つかるかもしれません。
計画しすぎは
ときにチャンスを
減らしてしまうこともあるのです。

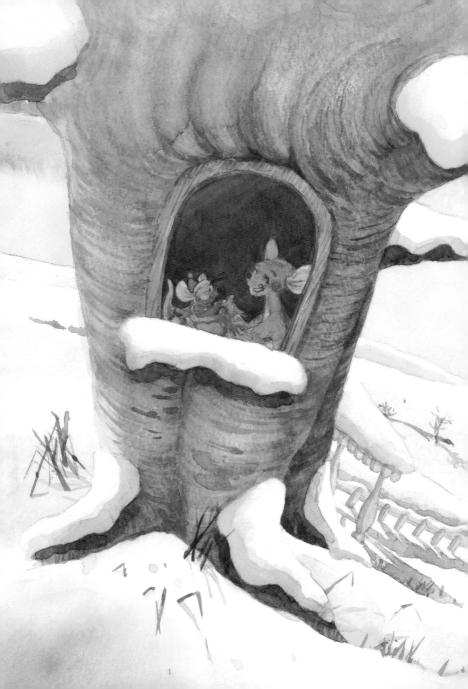

57 子供の頃 のあなたは
どんな子でしたか？
身近な人に聞いてみましょう。
もし今のあなたと大きく違っていたら、
本来のあなたらしさを見つめ直してみましょう。
何の縛りもない子供の頃のあなたに、
あなたらしさのヒントがあるはずです。

58 勘 は
特別な能力ではありません。
たくさんの経験の
積み重ねからなる
的確な判断力です。
まずは経験を増やしましょう。

59
お金や物は奪えますが、
あなたに身についた知識や経験は誰にも奪えません。
人から奪われないもの を蓄えましょう。

CHAPTER 7

友だちに
関すること

60 友だち が必要ない人なんていません。
人生において大切なのは、
自分、家族、そして友だちなのです。

61

あなたが **感謝したい人** を
思いうかべてください。小さなことでもよいので
感謝を書き出し、その人たちに伝えてみましょう。
まわりに支えられているあなたの人生は、
それだけで十分満ち足りた人生です。

62 友だちのありがたみ は、

歳をとるごとに大きくなります。
10代より 20代、20代より 40代、40代より老後と、
歳を追うごとに友だちは欠かせないものになります。
同時に、歳をとるごとに友だちを作ることは難しくなっていきます。
60代で友だちを作ることは、10代で作るより難しいのです。
そう考えると、友だちを大切にすることが
いかに重要か気づくはずです。

63 記念日じゃない日にこそ、
大切な人にささやかな **プレゼント** を
してみましょう。特別な日にもらうよりも
うれしいものです。「何気ない日でも、
あなたのことを思い出しています」という、
相手を大切に思う気持ちが伝わるからです。

64

友だちを作るコツ は、
自分の心を開き、相手の声に耳と心を
傾けることです。年齢や職業や
性別などの外側の部分は見ずに、
その人自身に向き合います。
たとえ共通点が無くても
友だちになれます。
大事なことは、いっしょにいて
お互いが自分らしくいられることです。

CHAPTER 8

しあわせの
ヒント

Part 2

65 心地よい という感覚を
大切にしましょう。心地よい人、
もの、場所、それらは、あなたらしくいられる、
無くてはならない要素です。

66 **与えること** に喜びを感じられる人になりましょう。
人から与えられるだけの人生より、人に何かを与えられる
人生の方が素敵だと思いませんか。そして与えていると、
それ以上に人から与えられるようになるものです。

67 人に関心を持ちましょう。

人は **ひとり** では生きられないのです。

「ひとりが好き」は悪いことではありませんが、

「ひとりで生きられる」とは別のことです。

68 幸せを手に入れるのは
そんなに難しいことではありません。
今あなたがいる所にもたくさん落ちています。
それに気づくか気づかないかだけなのです。

69 幸せ は、
まわりからどう思われるかではなく、
自分がどう思うかで決まります。
重要なのは、あなたが幸せに
どれだけ気づけているか、
そして感謝できるかです。

70 いつも きれいな言葉 を
使いましょう。
きれいな言葉は、きれいな表情、
きれいな思考に繋がります。

71 何気ない会話での、
相手の発言を一つ覚えておき、
次に会ったときに伝えてみましょう。
ちょっとした発言 ほど、
覚えていてくれたらうれしいものです。

72 好きなことを

あきらめないでください。
好きなことでも興味が無いことでも、
失敗するときは失敗します。
それなら好きなことで
失敗した方がよいと思いませんか。

73 子供の頃に

何度も教わった言葉は、大人になっても
人として忘れてはいけない
教訓です。嘘をつかない、
他人に迷惑をかけない、
食べものを粗末にしないなどです。

74 興味のあること、

気になることがあれば、
まずやってみましょう。
結果つまらなくても、楽しくても、
何かを感じ、
心が動く経験をすることは、
あなたの 糧 になります。

75

"こうしなければならない"と、
自分へプレッシャーをかける
ことはやめましょう。窮屈な人生になってしまいます。
ルールを作りすぎず、もっと気楽に、楽しく、ゆるやかに。

76

自分の意見を言える人が
強い人 ではありません。
真に強い人は、まわりに耳を傾け、
理解し、受け止め、
皆をよい方向に導ける人です。

77

先入観 を持つのは
損なことです。
それによって、得られたかもしれない
友だちや経験を失っているのですから。

78 人の幸せを喜べなくなったら

"黄色信号"です。自分が満たされていない証拠です。
人と比べるのではなく、自分の幸せに向き合いましょう。

79 いちばん **譲れないこと** を
考えてみましょう。仕事においては何か？
友情においては？　恋愛においては？　それぞれの場面で、
信念を見失わないようにしましょう。

80 **恥をかく** ことを怖がらないようにしましょう。
人より多くのことを日々吸収できるようになります。

81 心で"感じる"という
感覚をみがいてください。
頭で考えてばかりでは頭でっかちで
臆病になってしまいます。
心で感じることで、
頭で考えるだけではたどり着けない所に
行けるようになります。

82 何かを使うときは、
次に使う人のことを
考えましょう。
それはめぐりめぐって
いつか自分に返ってきます。

83 お年寄りを敬いましょう。
自分もいつかは**老いる**のです。
そのときに大切にされる世界に
住みたいと思いませんか。

CHAPTER 9

がんばっている
あなたへ

84

つらい と感じるとき、それはあなたが
がんばっている証拠です。
まずは自分をほめてあげましょう。そして、
がんばっている人には必ず成長が待っています。

85

「もうダメだ」
と思ったときは、立ち止まって
ゆっくり呼吸をしましょう。
身体に新しい空気を
ふんだんに取り込み、
呼吸を落ち着かせます。その
呼吸のリズム が
あなたの歩幅です。
自分の歩幅で
歩いて行けばよいのです。

86

ひとりのときは、
涙 を我慢しないでください。
悲しいときもうれしいときも、
身体が涙を出そうとするのならば
それに従いましょう。
流した涙の分だけ、
いろいろなものから
解放されるようになっているのです。

87 がんばってもどうしようもない問題が起きたときには、
何もしない でいましょう。意外と時間が
解決してくれることもあります。自分のがんばりが
そのまま結果に反映されることは、世の中そんなに多くないのです。
だから人生はおもしろいのです。

88 怠ける日を作りましょう。
人はがんばり続けることはできません。
晴れの日だけじゃなく、
雨の日や曇りの日があるように、
あなたにも
"がんばらない日" が
あってもよいのです。

89 **幸せの量**は皆同じです。
今、嫌なことが立て続けに起きている人は、
後から必ず幸せの連鎖が訪れるでしょう。

90 うまくやろうとしないでください。
楽しくやろうとしてください。
それが **うまくやるコツ** です。

91

落ち込むときは、とことん落ち込みましょう。
どん底に落ちた人にしか
見えない世界が必ずあります。そこで得たもので、
一回り大きくなって、また這い上がればよいのです。

92 挫折は

悪いことばかりではありません。
本当の挫折を経験した人は、
人の痛みがわかり、人にやさしくできます。

93
いっぱいいっぱいになったら、
"やらないこと"を決めましょう。
そのために一日の流れを書き出してみましょう。
必ずどこかに省けるもの、無駄が見えてきます。

94
問題が立て続けに起きたときは、
とてつもなく大きな困難に思えて、
もうだめだという
気持ちになるかもしれません。
そんなときは、一つずつ
ていねいに解決していきましょう。
実は、個々の問題はたいしたことなく、
気づくと大きな心配は消えているでしょう。

95
後悔も悪いことばかりではありません。
失敗に悔やんで、悔やんで、
本当の悔しさを知った人にしか見えないものが
必ずあります。そこで得たもので、
二度と同じ後悔をしないようにすればよいのです。

96 完璧 っていいですか？

完璧な形のリンゴの方がおいしいですか？
完璧な形の卵の方がおいしいオムライスを作れますか？
ものごとに完璧など必要ないのです。
そう、あなたも完璧である必要なんてないんです。

97 がんばっても
"どうにもならないこと"は

世の中たくさんあります。
それにエネルギーを費やしても何も変わりません。
そんなときは一度あきらめて、流れにまかせることも、
人生において大切なことの一つです。
そうすれば自然と次の風景が見えてくるでしょう。

98 自分のしたことを

認めてあげましょう。
ときには判断を間違ってしまうこともあります。
でも、あのときできた最善の選択であったと
自分の選んだ道を認めてあげることで、
また前を向いて歩いて行けるのです。

99 今この瞬間のあなたの行動が、
未来のあなた を作ります。

くよくよしてばかりいる時間はないのです。

100 夢を見ましょう。

もっと自分の夢を膨らませましょう。
叶う、叶わないは、関係ありません。
夢を見ること自体で、
人生は十分に豊かになるのですから。
夢を見ない人生なんておもしろくないですから。

Disney くまのプーさん

今日からはじめる 毎日を豊かにする100のこと

2024年7月22日　第1刷発行

編集……………講談社
文………………くまのプーさん今日からはじめる委員会
装丁……………吉田優子（Well Planning）
水彩画…………柘植彩子
発行者…………森田浩章
発行所…………株式会社講談社
　　　　　　　〒112-8001　東京都文京区音羽2-12-21
　　　　　　　編集　03-5395-3142
　　　　　　　販売　03-5395-3625
　　　　　　　業務　03-5395-3615
印刷所…………共同印刷株式会社
製本所…………大口製本印刷株式会社

KODANSHA

©2024 Disney. Based on the "Winnie the Pooh"
works by A.A. Milne and E.H. Shepard
ISBN978-4-06-536333-1　Printed in Japan　N.D.C.778 95p 19cm